Johannes Girmindl

Das Mädchen das immer nur den Teig essen wollte

1

2

Das Mädchen das immer nur den Teig essen wollte

3

von

Leonie, Samuel & Johannes Girmindl

4

Bibliographische Information der Deutschen Nationalbibliothek:

Die Deutsche Nationalbibliothek verzeichnet diese Publikation in der Deutschen Nationalbibliographie; detaillierte bibliographische Daten sind im Internet über http://dnb.dnb.de abrufbar

Herstellung und Verlag: BoD – Books on Demand

ISBN: 9783837077049

Das Mädchen hieß Leonie. Und Leonie aß am liebsten Käsetoast. Käsetoast mit Schmelzkäse. Manchmal aß sie auch Käsetoast mit Salami und Schmelzkäse. Doch am liebsten hatte Leonie Käsetoast nur mit Schmelzkäse. Papa musste den Toast immer schneiden. Quer durch und das zweimal, sodass vier gleich große Dreiecke entstanden. Sonst konnte Leonie den Toast nicht essen. Früher, als Leonie noch ein kleines Mädchen war, aß sie nie den Rand. Der war ihr zu hart. Sie ließ ihn übrig und Papa durfte die knusprigen Ränder selbst knabbern. Jetzt war Leonie aber schon größer und sie aß mittlerweile auch den Rand, eben weil er so schön knusprig war. Der Papa bekam jetzt nichts mehr ab. Er musste sich selbst einen Toast machen, wenn er knuspern wollte.

Kaiserschmarren

Leonie aß auch gerne Nudeln. Nudeln mit Butter und Salz. Ihr Bruder aß am liebsten Spaghetti. Spaghetti mit roter Soße. Leonie aß aber nur die Nudeln, die Soße wollte sie nicht. Nur Butter und Salz auf die Nudeln, das genügte ihr. Sollte es aber etwas Süßes geben, dann wollte Leonie Kaiserschmarren, oder Kaisermann, wie sie früher immer gesagt hatte.

Der Papa zeigte ihr dann, wie man einen Kaiserschmarren machte. Er sagte, dass das ganz einfach ging. Wichtig dabei ist der Schnee! Und schon surrte der Mixer. Davor musste man aber die Eier trennen. Der Dotter durfte dabei nicht verletzt werden, sonst wurde der Schnee nichts. Eine Prise Salz gab der Papa auch noch in den Schnee. Damit der besser stehen blieb.

Wenn der Schnee fertig war, rührte Leonie die Eier mit Mehl, Milch und Zucker zusammen. Vanillezucker kam auch noch dazu. Das funktionierte ganz ohne Rezept. Die Mischung musste stimmen, aber ganz genau musste es nicht sein, sie waren ja daheim und nicht in der Schule. Leonie wollte die Schüssel ausschlecken, doch der Papa sagte: „Die ist ja noch voll. Wir brauchen den Teig ja." Dann gab er ein Stück Butter in die heiße Pfanne, die er schon auf den Herd gestellt hatte. Die Butter schmolz und ein großer Schöpfer Teig kam in die Pfanne. Den Schnee hatten die beiden vorher noch zum Teig dazu gegeben, er machte den Kaiserschmarren flaumig. Jetzt mussten die beiden achtgeben, denn nicht zu lange sollte die eine Seite brutzeln. Dann drehte der Papa den Kaiserschmarren um, und nachdem die zweite Seite fest geworden war, zerteilte er den fertigen Schmarren und schwenkte ihn noch ein wenig in der Pfanne, wegen der Farbe, sagte er.

Jetzt musste es schnell gehen. Flink auf die Teller damit und viel Kakao drüber. Leonie mochte immer Kakao auf ihren Kaiserschmarren, das schmeckte ihr so gut. Ihr Bruder aber, der hatte lieber Sirup dazu. Und auch dem Papa schmeckte der Kaiserschmarren mit Sirup gut. Dann saßen alle beim Tisch und ließen es sich schmecken; und ehrlich gesagt, sie schmatzen auch ein wenig dabei.

11

Eierlikörgugelhupf

Der Papa machte immer Eierlikörgugelhupf. Den konnte er. Andere Kuchen eher nicht. Und vor allem keine Schokokuchen. Er mochte keine Schokokuchen. Vielleicht konnte er sie deswegen nicht backen. Ok, der Papa konnte schon auch andere Kuchen machen, aber der Eierlikörgugelhupf war sein Lieblingskuchen. Den konnte er sogar auswendig. Die Mama mochte den am liebsten wenn er nicht aufgegangen war, wenn er so richtig speckig war und fast schon nach Eierspeise schmeckte.

Und auch Leonie und ihr Bruder mochten den Eierlikörgugelhupf gerne. Der Papa hatte ihn schon so oft gemacht, dass er gar nicht mehr nachdenken musste, welche Zutaten er dazu brauchte. Wichtig war natürlich der Eierlikör, sonst würde der Gugelhupf ja ganz anders heißen. Dann brauchte er Öl dazu. Speisestärke und Mehl mit Backpulver, dazu Zucker und Vanillezucker. Dann kamen noch fünf Eier hinein und Papa rührte wieder mit dem Mixer. Wenn der Mixer surrte, musste der Papa nicht lange warten und

Leonie kam schon angelaufen und fragte, ob sie die Quirl abschlecken durfte. Der Papa aber sagte, das geht nicht, da ist Alkohol drin. Leonie schleckte aber trotzdem und sagte „lecker".

Dann musste der Gugelhupf in die Form und die dann ins Backrohr. Für eine Stunde, bei 160 Grad. Dann war der Gugelhupf fertig. Ein bisschen auskühlen musste er noch, aber meistens ließ man ihm gar nicht so lange Zeit, weil schon mehrere Stücke von ihm herunter geschnitten waren.

250 ml Öl

250 ml Eierlikör

5 Eier

125 g Stärke

125 g Mehl

250 g Staubzucker

Backpulver ½

Vanillezucker

Salz

Alle Zutaten verrühren.

160°

1 Stunde

Weißbrot

Im Sommer aßen alle immer gerne Paradeiser. Paradeiser mit Mozzarella. Und Weißbrot. Leonie liebte Weißbrot, sie aß es eigentlich das ganze Jahr über sehr gerne. Und da der Papa gerne in der Küche rumstand, dachte er bei sich, da kann ich auch gleich Weißbrot machen. Das mit dem Weißbrot war eigentlich eine recht einfache Sache, es brauchte nur Zeit. Der Teig musste stehen und aufgehen, ein Riesending musste der werden. Von klein zu riesig, damit das Brot dann auch luftig war. Knusprig außen und flaumig innen. Aber jetzt war es noch roher Teig, den Leonie da kostete. Und kaum hatte sie das kleine Stück im Mund, griff sie gleich nochmal in die Schüssel. Sie hatte Teig so gerne. Ja es schien, als würde sie lieber den Teig, als das Brot essen.

Die knusprige Rinde, die machte der Papa mit einer Blumenspritze; damit versprühte er immer wieder Wasser im Backrohr. Das fand Leonie sehr lustig. „Warum muss man den Teig gießen", fragte sie. Und der Papa meinte, dass das Wasser dafür zuständig war, dass die Rinde knusprig werde. Er konnte auch nicht so genau sagen warum, aber es funktionierte.

Das Weißbrot war immer recht schnell fertig, das brauchte nicht so lange im Ofen. Und wenn es aus dem Rohr heraußen war, dann war es am besten, wenn man es noch warm aß. Einfach ein Stück abbrechen und in den Mund damit.

Und dazu passten eben die Paradeiser so gut. Und der Mozzarella. Der Papa aß auch manchmal das Brot nur mit ein wenig Olivenöl, der mochte das. Leonie nicht so, die aß das Weißbrot mit Mozzarella. Oder auch einfach so, ohne allem, weil es ihr so gut schmeckte.

500 Mehl

1/2 Hefe

230°
ca 25 Minuten

2 TL Salz
ca 300 ml warmes Wasser
Germ in Wasser auflösen
Teig verkneten
1 Std
(min.) gehen lassen

Formen (Baguette, Wecker,...
1 Std gehen lasse

Leonie

Vanillekipferl

In der Zeit vor Weihnachten wollte Leonie auch Kekse backen. Alle Kinder in der Schule hatten von den vielen verschieden, süßen Keksen erzählt, die sie zuhause mit ihren Eltern, mit den Tanten und Großmüttern machten. Von den schönen Verzierungen, von der

Schokoladeglasur und all dem bunten Zuckerzeug. Als Leonie von der Schule nachhause kam, da sagte sie „Papa, wir machen heute Kekse." Der Papa war müde von der Arbeit und wollte Leonie in ein Gespräch verwickeln um das Backvorhaben seiner Tochter zu umgehen. „Leonie, weißt du denn überhaupt was du backen möchtest?" Leonie war schlau genug, um zu bemerken, dass sich der Papa drücken wollte. „Ja klar, hier ist das Rezept. Vanillekipferl!" Da konnte der Papa natürlich auch nicht nein sagen. Vanillekipferl mochte er selbst sehr gerne. Die hatte seine Großmutter auch immer gemacht und er, als er selbst noch ein kleiner Bub war, hatte sie regelrecht verschlungen. Manchmal so viele, dass er danach Bauchschmerzen gehabt hatte.

„Wir brauchen dazu Mehl und Butter. Und natürlich Zucker, viel Zucker, damit sie ganz süß werden."

„Und wir brauchen Mandeln, oder waren es Nüsse?"

„Egal Papa, nimm was du als erstes findest."

Den Teig zu kneten machte Leonie spaß. Doch es war anstrengend, und so durfte der Papa den Teig fertig kneten. Leonie kostete lieber vom Teig. Der musste dann rasten. Eine Weile, damit er sich konzentrieren konnte, weil er ja kurz darauf zu Vanillekipferl werden sollte.

Als es dann so weit war, formten die beiden Kipferl. Bis das ganze Backblech damit voll war. Und ein zweites füllten sie auch noch an. Dann kamen die Teigkipferl ins Rohr. Jetzt ging alles recht schnell. Die fertigen Kipferl

280g Mehl

200g Butter

100g Nüsse

80g Staubzucker

Kneten
2 Stunden rasten
175 °C,
15 Minuten

Staubzucker +
Vanille

LEONIE

mussten, noch heiß, in einem Gemisch aus Staubzucker und Vanille gewälzt werden, dann waren sie fertig. Natürlich kostete der Papa ein Kipferl. Leonie kostete auch eines, oder die beiden aßen mehr als eines, das kann schon so gewesen sein.

Jetzt konnte getrost Weihnachten kommen, und falls keine Vanillekipferl mehr übrig waren, konnten die beiden ja wieder neue machen, das Rezept hatte Leonie ja noch.

Hier ist Platz für eure Rezepte:

26

Johannes Girmindl, geboren 1978 in Wien. Schreibt unentwegt Lieder und Geschichten. Seit „Konrad und Elise" auch Kinderbücher.

Konrad & Elise

Ein Kinderbilderbuch über Glück, den Tod, Schnipp-Schnapp und Kohlrabi; zum Selberzeichnen.

Großformatiges Taschenbuch 2015, 7,80 Euro

ISBN: 9-783738-650327

www.girmindl.at